BEI GRIN MACHT SICH IHR WISSEN BEZAHLT

- Wir veröffentlichen Ihre Hausarbeit,
  Bachelor- und Masterarbeit

- Ihr eigenes eBook und Buch -
  weltweit in allen wichtigen Shops

- Verdienen Sie an jedem Verkauf

Jetzt bei www.GRIN.com hochladen und kostenlos publizieren

Bibliografische Information der Deutschen Nationalbibliothek:

Die Deutsche Bibliothek verzeichnet diese Publikation in der Deutschen National-
bibliografie; detaillierte bibliografische Daten sind im Internet über http://dnb.d-
nb.de/ abrufbar.

Impressum:

Copyright © 2019 GRIN Verlag
Druck und Bindung: Books on Demand GmbH, Norderstedt Germany
ISBN: 9783668872707

Dieses Buch bei GRIN:

https://www.grin.com/document/456975

Anonym

Vergleich der klassischen und agilen Vorgehensmodelle in der IT Branche

GRIN Verlag

GRIN - Your knowledge has value

Der GRIN Verlag publiziert seit 1998 wissenschaftliche Arbeiten von Studenten, Hochschullehrern und anderen Akademikern als eBook und gedrucktes Buch. Die Verlagswebsite www.grin.com ist die ideale Plattform zur Veröffentlichung von Hausarbeiten, Abschlussarbeiten, wissenschaftlichen Aufsätzen, Dissertationen und Fachbüchern.

FOM Hochschule für Oekonomie & Management

Projektarbeit
im Modul IT-Projektmanagement & Software-Engineering

über das Thema

Vergleich der klassischen und agilen Vorgehensmodelle in der
IT Branche

Inhaltsverzeichnis

Abbildungsverzeichnis

Tabellenverzeichnis

1. Einleitung

1.1. Problemstellung

Die IT-Branche ist ständigen Veränderungen ausgesetzt. Software wird mittlerweile in allen Lebensbereichen eingesetzt und ist nicht mehr wegzudenken. Dementsprechend steigen auch die Anforderungen an die Ersteller von Software. Diese stehen verschiedenen gesteigerten Anforderungen gegenüber wie zum einen der Anspruch hinsichtlich einer hohen Zuverlässigkeit sowie gleichzeitig die Sicherstellung der Verfügbarkeit der Systeme, welche innerhalb kürzester Zeit erstellt werden müssen.[1] Deshalb erfolgt die Erstellung neuer Software meist innerhalb eines Projektes. Doch es gibt genügend Beispiele bei denen IT-Projekte nicht erfolgreich verlaufen sind. So hat Ford 200 Mio. US-Dollar in ein Projekt zur Erneuerung der vorhandenen Software investiert, um nach drei Jahren zum altbewährten zurückzukehren.[2] Da es noch viele weitere dieser Beispiele gibt, stellt sich die Frage, wie Projekte erfolgreich gestaltet werden können. Einen Ansatz dafür sind die Vorgehensmodelle im Projekt. Hier wird nach klassischen und agilen Vorgehensmodellen unterschieden. Seit Jahren steigen die Bedeutung und der Einsatz von agilen Vorgehensmodellen gerade auch in der IT-Branche und der Einsatz der klassischen Vorgehensmodelle wird geringer.[3] Die vorliegende Ausarbeitung befasst sich genau mit diesen zwei Vorgehensmodellen.

1.2. Zielsetzung

Das Ziel der vorliegenden Arbeit ist es ein grundlegendes Verständnis für die klassischen und agilen Vorgehensmodelle in der IT-Branche zu vermitteln und deren Unterschiede, sowie deren Vor- und Nachteile genauer erklären. Die zugrundeliegende Forschungsfrage dieser Arbeit lautet: Welches Vorgehensmodell ist für die IT-Branche besser geeignet?

---

[1] Vgl. Thomas, O., Varwig, A., Kammler, F., Zobel, B., Fuchs, A., DevOps, 2017, S. 179.
[2] Vgl. Roehrl, A., Schmiedl, S., Agil, 2004, S. 61.
[3] Vgl. Komus, A., Kuberg, M., Status Quo, 2015, S. 7.

1.3. Aufbau und Methodik

Die vorliegende Arbeit vergleicht die klassischen und agilen Vorgehensmodelle in der IT-Branche. Nachdem dazu im ersten Kapitel zuerst die Problemstellung und die Zielsetzung der Arbeit definiert wurden, erfolgt im zweiten Kapitel eine Definition der Grundlagen. Dabei wird zuerst der Begriff Vorgehensmodell genauer beschrieben, was auch eine Darstellung der Entwicklung der Vorgehensmodelle beinhaltet. Anschließend werden die klassischen und agilen Vorgehensmodelle dargestellt. Das erfolgt jeweils an einem beispielhaften Vorgehensmodell. Für die klassischen Vorgehensmodelle stellt das Wasserfallmodell das Beispiel dar und im Fall der agilen Vorgehensmodelle ist dies Scrum. Im dritten Kapitel erfolgt ein Vergleich der beiden Modelle für die IT-Branche und die Forschungsfrage dieser Arbeit wird beantwortet. Abschließend erfolgt im vierten Kapitel das Fazit der vorliegenden Ausarbeitung und es erfolgt ein Ausblick auf weiterführende Themen.

2. Grundlagen

2.1. Definition und Entwicklung der Vorgehensmodelle

Um den Begriff des Vorgehensmodells genauer zu definieren, wird zuerst der Begriff des Projektes in der IT-Branche definiert. Nach Wieczorrek und Mertens hat ein Projekt eine klare Definition der Aufgabe, ist abgegrenzt von den operativen Unternehmensaufgaben, besitzt einen eindeutigen Start- und Endtermin und ist einzigartig oder wurde noch nicht in dieser Form durchgeführt.[4] Bei einem IT-Projekt spielt der Mitarbeiter noch eine wichtige Rolle, da dieser ab einem bestimmten Status nicht mehr problemlos ausgetauscht werden sollte. Weiterhin gibt es in IT-Projekten immer wieder gleichartige Phasen, die eine Anwendung eines standardisierten Vorgehens ermöglichen.[5] Die systematisierte und detaillierte Beschreibung der nacheinander folgenden Prozessschnitte wird als Vorgehensmodell bezeichnet. Das Vorgehensmodell beinhaltet den organisatorischen Ablauf bei einer Softwareentwicklung und soll klären, was zu welchem Zeitpunkt zu tun ist.[6] Zusammengefasst beinhalten Vorgehensmodelle genau definierte

---

[4] Vgl. Wieczorrek, H., Mertens, P., IT-Projekte, 2011, S. 9 f.
[5] Vgl. Wieczorrek, H., Mertens, P., IT-Projekte, 2011, S. 11 f.
[6] Vgl. Ruf, W., Fittkau, T., IT-Projektmanagement, 2008, S. 25.

Schrittfolgen im Entwicklungsprozess und bieten eine Orientierungshilfe und Regeln, welche beschreiben, in welcher Form das Endprodukt vorliegen soll.[7]

Bereits im Jahr 1951 hat Alan Turning das erste einfache Vorgehensmodell mit vier Schritten beschrieben. Zuerst muss ein Plan erstellt werden, anschließend muss das Problem aufgeschlüsselt werden, dann sollen die Programmierung neuer Unterprogramme erfolgen und abschließend die Hauptprogrammierung.[8] Im Jahr 1970 beschrieb Winston Royce dann ein sequentielles Vorgehensmodell, welches die Grundlage für die später folgenden Wasserfallmodelle bildet. In seinem Vorgehensmodell laufen die Entwicklungsphasen nacheinander ab, er beinhaltet allerdings auch die Möglichkeit, dass zu einer vorherigen Phase zurückgesprungen werden kann.[9] In den achtziger Jahren wurden die Prozesse zur Softwareentwicklung kritischer betrachtet und es wurde Verbesserungspotential entdeckt. Als Anstoß für die kritischere Betrachtung der Prozesse gilt die Softwarekrise.[10] In der Softwarekrise nahm die Softwareentwicklung ein Ausmaß an, das zu hohen Entwicklungs- und Wartungskosten führte. Diese Krise konnte durch Standardisierungen und die Einführung systematischer Entwicklungsprozesse beruhigt werden.[11] In den folgenden Jahren wurden detailgenaue Vorgehensmodelle entwickelt, welche allerdings auf geringe Akzeptanz bei den Entwicklern gestoßen sind.[12] Deshalb wurden in den neunziger Jahren viele neue Methoden entwickelt, die den Grundstein für die agilen Vorgehensmodelle bilden. Im Jahr 2001 entstand dann bei einem Treffen von 17 Vertretern der bekanntesten Vorgehensmodelle die Bezeichnung der agilen Methoden und die Leitsätzen und Prinzipien für agile Softwareentwicklung wurden im Agilen Manifest festgehalten.[13] Die klassischen und die agilen Vorgehensmodelle werden nun im weiteren Verlauf der Ausarbeitung genauer beschrieben.

---

[7] Vgl. Schatten, A., Biffl, S., Demolsky, M., Gostischa-Franta, E., Österreicher, T., Winkler. D., Software, 2010, S. 47.
[8] Vgl. Turning, A., Handbuch, 1951, S. 61 ff.
[9] Vgl. Royce, W., Development, 1970, S. 330 ff.
[10] Vgl. Kneuper, R., Historie, 2015, S. 31.
[11] Vgl. Zühlke, D., Useware, 2004, S. 4.
[12] Vgl. Kneuper, R., Historie, 2015, S. 32.
[13] Vgl. Agile Manifest, Manifest, 2001a, S. 1; Kneuper, R., Historie, 2015, S. 33.

2.2. Klassische Vorgehensmodelle

Die Autoren Walter Ruf und Thomas Fittkau bezeichnen die klassischen Vorgehensmodelle auch als sequentielle Vorgehensmodelle und vergleichen diese mit dem Vorgehen bei einem Hausbau. Sie werden genutzt, wenn es sich um einmalige Projekte handelt, bei denen die Ausgangslage und das Ziel klar formuliert werden können. Sie beschreiben den Weg zum Ziel, der einmalig durchlaufen wird. Der Ablauf besteht aus einer Folge von Zyklen, die nacheinander durchlaufen werden. Je nach Vorgehensmodell und Autor unterscheiden sich die Anzahl und der Inhalt der Phasen.[14] Als Beispiel zur Darstellung eines solchen Vorgehensmodells soll Abbildung 1 dienen. Das Projekt startet mit der Phase der Spezifikation und nachdem diese erfolgt ist, geht es über in die Entwurfs-Phase. Sobald diese beendet ist geht, erfolgt die Implementierung. Darauf folgt die Integration und abschließend die Einführung, sodass zum Enden hin alle Phasen durchlaufen sind.

Abbildung 1: Sequentielles Vorgehensmodell

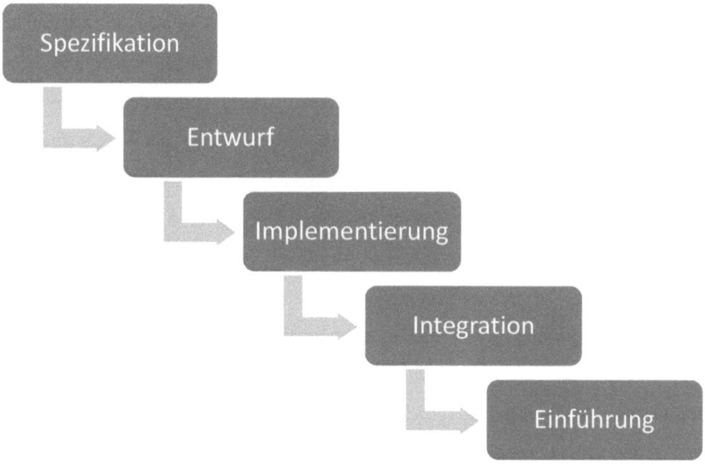

Quelle: In Anlehnung an Ruf, W., Fittkau, T., IT-Projektmanagement, 2008, S. 30.

Bezeichnend für sequentielle Vorgehensmodelle ist ein Phasenprodukt, welches am Ende jeder Phase kontrolliert werden kann. Weiterhin kann die nächste Phase erst ge-

---

[14] Vgl. Sandmann, C., Teschke, T., Ritter, J., Vorgehensmodell, 2000, S. 50; Ruf, W., Fittkau, T., IT-Projektmanagement, 2008, S. 29.

startet werden, sobald die vorherige mit abschließendem Phasenprodukt abgeschlossen ist und das Endprodukt anhand der zu Beginn aufgestellten Anforderungen kontrolliert werden kann. Der Einsatz dieser Modelle ist besonders dann ratsam, wenn die Anforderungen von Anfang an feststehen und während der Projektlaufzeit nicht mehr mit Änderungen zu rechnen ist.[15] Neben dem Wasserfallmodell, welches im nächsten Kapitel genauer beschrieben wird, zählen das V-Modell und das Spiralmodell als weitere klassische Vorgehensmodelle.[16]

2.3. Das Wasserfallmodell

Als Beispiel eines klassischen Vorgehensmodells soll an dieser Stelle das Wasserfallmodell genauer beschrieben werden. Es ist aufgrund seiner einfachen Form und des geringen Managementaufwands ein oft genutztes Modell. Dabei wird, wie bei sequentiellen Vorgehensmodellen üblich, der Entwicklungsprozess in mehrere Phasen unterteilt, die nacheinander abgearbeitet werden und an deren Ende das fertige Endprodukt steht.[17] In seiner Ursprungsform besteht das Modell aus den fünf Phasen Anforderungsanalyse, Grobdesign, Feindesign, Implementierung sowie Test und Integration, die nacheinander angeordnet sind. Daher stammt auch der Name des Modells, da die Phasen wasserfallartig aufgebaut sind. Die Einfachheit des Modells ist dadurch begründet, dass jede Phase auf den Ergebnissen der vorherigen Phase aufbaut und die einzelnen Phasen direkt einer groben Projektplanung entsprechen. Am Ende jeder Phase steht ein erreichter Meilenstein, der als Abschluss für die jeweilige Phase gilt.[18] Zu Beginn des Projektes werden während der Anforderungsphase alle Anforderungen an das Endprodukt gesammelt, welche während des Projekts nicht mehr geändert werden können. Das Ziel ist es, die Anforderungen des Kunden genauestens zu verstehen, damit dieser das Projekt nach seinem Abschluss als Erfolg ansieht.[19] Im Grobdesign werden die Anforderungen des Kunden weiter präzisiert und in ein Modell für die Softwareentwicklung umgewandelt, welches im Feindesign weiter optimiert wird. In der Implementierungsphase erfolgt die Umsetzung des Feindesigns. Abschließend wird das Endprodukt in der Test- und Integ-

---

[15] Vgl. Ruf, W., Fittkau, T., IT-Projektmanagement, 2008, S. 30

[16] Vgl. Heinrich, G., Mairon, K., Systemanalyse, 2008, S. 2 f.

[17] Vgl. Arndt, C., Hermanns, C., Kuchen, H., Poldner, M., Softwareentwicklung, 2009, S. 7; Trepper, T., Softwareprojektmanagement, 2012, S. 30.

[18] Vgl. Kleuker, S., Grundkurs, 2011, S. 26.

[19] Vgl. Kleuker, S., Grundkurs, 2011, S. 25; Trepper, T., Softwareprojektmanagement, 2012, S. 30 f.

rationsphase getestet und überprüft, ob alle Kundenwünsche erfüllt sind.[20] Da jede Phase bei komplexeren Projekten nicht direkt erfolgreich abgeschlossen werden kann, wurde die Möglichkeit eingebaut, bei nachträglichen Änderungen wieder in die vorherige Phase zu springen.[21]

2.4. Agile Vorgehensmodelle

Im Gegensatz zu den klassischen Vorgehensmodellen steht bei den agilen Vorgehensmodellen nicht die Dokumentation im Vordergrund, sondern die abschließende Funktionalität. Allerdings ist die Dokumentation nicht verboten, sondern hat lediglich eine geringere Gewichtung als bei den klassischen Vorgehensmodellen und soll in möglichst geringem Umfang erfolgen.[22] Bei den agilen Modellen sollen schnelle Entwicklungsergebnisse erzielt werden, um die Zeit bis zur Markteinführung so gering wie möglich zu halten. Im Gegensatz zu den klassischen Vorgehensmodellen kommt es innerhalb der Entwicklungszeit noch zu Änderungen der Anforderungen, welche jederzeit berücksichtigt werden. So gibt es zu Beginn des Projektes keinen standardisierten Prozess, der strikt eingehalten wird, sondern dieser wird ständig an die aktuellen Anforderungen angepasst.[23] Die Vorgehensweise ist trotzdem nicht chaotisch.[24] Die Anforderungen an das Projekt sollen in enger Abstimmung, am besten in persönlichen Treffen, zwischen Auftraggeber und Projektleiter erfolgen. Weiterhin sollte in relativ kleinen Teams von weniger als zehn Mitarbeitern gearbeitet werden.[25] Im Jahr 2001 wurden von 17 Vertretern der bis dahin bekanntesten agilen Vorgehensmodelle vier Leitsätze im Manifest für agile Softwareentwicklung festgehalten. Diese vier Leitsätze beinhalten, dass Individuen und Interaktionen höher wertgeschätzt werden als Prozesse und Werkzeuge, dass funktionierende Software wichtiger ist als eine umfassende Dokumentation, dass die Zusammenarbeit mit dem Kunden wichtiger ist als eine Vertragsverhandlung und dass das Reagieren auf Veränderungen wichtiger ist, als das Befolgen eines Plans.[26] Neben den vier Leitsätzen wurden noch weitere zwölf Prinzipien erstellt, die das Vorgehen bei

---

[20] Vgl. Kleuker, S., Grundkurs, 2011, S. 25.
[21] Vgl. Arndt, C., Hermanns, C., Kuchen, H., Poldner, M., Softwareentwicklung, 2009, S. 7; Kleuker, S., Grundkurs, 2011, S. 26.
[22] Vgl. Hanser, E., Prozesse, 2010, S. 7; Ruf, W., Fittkau, T., IT-Projektmanagement, 2008, S. 37.
[23] Vgl. Ruf, W., Fittkau, T., IT-Projektmanagement, 2008, S. 36 f.
[24] Vgl. Hanser, E., Prozesse, 2010, S. 7.
[25] Vgl. Ruf, W., Fittkau, T., IT-Projektmanagement, 2008, S. 37.
[26] Vgl. Agile Manifest, Manifest, 2001a, S. 1.

agilen Vorgehensmodellen detaillierter beschreiben. Dazu zählen unter anderem, dass Anforderungsänderungen selbst in späten Phasen willkommen sind, dass sich das Team in regelmäßigen Abständen zur Reflektion treffen soll, dass das Team selbstorganisiert sein soll sowie dass Gespräche von Angesicht zu Angesicht stattfinden sollen.[27] Neben dem Vorgehensmodell Scrum, welches im nächsten Kapitel genauer beschrieben wird, zählen auch Extreme Programming, Kent Ben, Crystal Alistair Cockburn und Feature Driven Development zu den agilen Vorgehensmodellen.[28]

2.5. Scrum

Als Beispiel für die agilen Vorgehensmodelle soll an dieser Stelle Scrum genauer beschrieben werden. Der Begriff Scrum stammt aus dem Bereich des Rugbysports und bedeutet ins Deutsche übersetzt Gedränge. Übertragen soll es für den Zusammenhalt des Projektteams stehen.[29] Hirotaka Takeuchi und Ikujira Nonaka beschrieben 1986 als erstes mit diesem Begriff eine Methode zur Produktentwicklung. Rund zehn Jahre später wurde Scrum von Ken Schwaber und Jeff Sutherland zu einer Management-Methode für agile Softwareprojekte weiterentwickelt.[30] Scrum beschreibt ein Vorgehensmodell, welches auf den Leitsätzen und Prinzipen des agilen Manifests basiert, das Individuum in den Mittelpunkt stellt und wenige, dafür aber klare Regeln beinhaltet.[31] Scrum beinhaltet drei festgelegte Projektrollen, drei Artefakte, vier Besprechungen und regelt den Ablauf des Projekts in Entwicklungszyklen, die nur wenige Wochen lang sind und Sprints genannt werden.[32]

2.5.1.1. Projektrollen

Zu den drei in Scrum zwingend erforderlichen Projektrollen zählen der Product Owner, das Team und der Scrum-Master.[33] Insgesamt kann es nur einen Product Owner geben,

---

[27] Vgl. Agile Manifest, Manifest, 2001b, S. 1 f.
[28] Vgl. Gloger, B., Scrum, 2010, S. 195; Ruf, W., Fittkau, T., IT-Projektmanagement, 2008, S. 37.
[29] Vgl. Pichler, R., Scrum, 2008, S. 2; Gloger, B., Scrum, 2016, S. 6.
[30] Vgl. Haas, J., Scrum-Revolution, 2015, S. 37; Wiredemann, R., Mainusch, J., Scrum, 2017, S. 25 f.
[31] Vgl. Pichler, R., Scrum, 2008, S. 1.
[32] Vgl. Hanser, E., Prozesse, 2010, S. 60; Schwaber, K., Sutherland, J., Software, 2012, S. 57; Gloger, B., Scrum, 2016, S. 8; Wiredemann, R., Mainusch, J., Scrum, 2017, S. 26.
[33] Vgl. Hanser, E., Prozesse, 2010, S. 60; Schwaber, K., Sutherland, J., Software, 2012, S. 57; Wirdemann, R., Mainusch, J., Scrum, 2017, S. 27.

welcher die komplette Verantwortung trägt und alle Entscheidungen treffen muss.[34] Er arbeitet eng mit dem Team zusammen, für das er immer verfügbar ist, und übernimmt die Rolle des Endkunden, wobei er bei seinen Wünschen an das Projekt schon die Realisierungsmöglichkeiten beachten muss. Weiterhin sorgt er dafür, dass die Ergebnisse des Projekts die Kosten rechtfertigen.[35] Zu seinen Hauptaufgaben zählen das Anforderungsmanagement, das Release Management und die Kommunikation. Im Rahmen des Anforderungsmanagements erfasst der Product Owner die Anforderungen aus der Sicht des Kunden in einem sogenannten Product Backlog. Dort sind die zu erledigenden Aufgaben erfasst und werden priorisiert. Im Laufe des Projektes wird das Product Backlog regelmäßig erneuert und es werden weitere anfallende Aufgaben hinzugefügt.[36] Innerhalb des Release Managements ist er verantwortlich dafür zu entscheiden, wann welche Versionen ausgeliefert werden. Die dritte Aufgabe des Project Owners ist die Kommunikation. Er muss in regelmäßigem Austausch mit dem Team und weiteren Stakeholdern stehen. An diesen Aufgaben lässt sich erkennen, dass der Job des Product Owners mit ausreichend Zeit zur Erfüllung seiner Aufgaben ausgestattet sein muss, damit das Projekt erfolgreich verläuft.[37]

Ein Scrum-Team sollte weniger als zehn Mitglieder und Personen aus allen Fachrichtungen enthalten, da ansonsten die Effizienz aufgrund der erforderlichen Kommunikation sinkt. Außerdem sollte das Team keinen Teamleiter haben und nicht in kleinere Teams aufgeteilt sein.[38] Die Teammitglieder in einem Scrum-Team müssen alle Fähigkeiten besitzen, um ein das Projektziel erreichen zu können. Jedes Mitglied in dem Team sollte sein Spezialwissen an die anderen weitergeben, damit alle Aufgaben von allen bewältigt werden können.[39] Grundsätzlich ist die Aufgabe des Teams die Anforderungen des Product Owners abzuarbeiten und diesem in regelmäßigen Abständen ein Ergebnis zu präsentieren.[40]

Der Scrum-Master unterstützt das Team. Er ist verantwortlich für die Einhaltung der Prozesse und soll Hindernisse, die den Prozess behindern, entfernen. Seine Aufgabe ist

---

[34] Vgl. Schwaber, K., Sutherland, J., Software, 2012, S. 57.
[35] Vgl. Hanser, E., Prozesse, 2010, S. 62; Gloger, B., Scrum, 2016, S. 11.
[36] Vgl. Hanser, E., Prozesse, 2010, S. 62; Goll, J., Hommel, D., Scrum, 2015, S. 89 f.
[37] Vgl. Goll, J., Hommel, D., Scrum, 2015, S. 62 f.
[38] Vgl. Goll, J., Hommel, D., Scrum, 2015, S. 90.
[39] Vgl. Hanser, E., Prozesse, 2010, S. 65.
[40] Vgl. Maximi, D., Scrum, 2018, S. 187 f.

es nicht Aufgaben im Team zu verteilen. Er trägt die Verantwortung dafür, dass das Team intakt ist und produktiv arbeiten kann.[41]

2.5.1.2. Sprints

Während der Sprints gibt es mehrere Besprechungen, die in regelmäßigen Abständen stattfinden. Für jeden Entwicklungszyklus vereinbart das Team mit dem Project Owner einen festen Endtermin, der eingehalten werden muss und 30 Tage nicht überschreiten soll.[42] Jeder Sprint beginnt mit einem Sprint Planning Meeting, täglich folgen die Daily Scrums und abschließend folgen das Sprint-Review und die Sprint Retrospektive.[43] Im Sprint Planning Meeting legen das Team und der Project Owner zusammen das Sprint-ziel fest. Das Sprintziel muss einen Nutzen für das Projekt haben und einen Schritt in Richtung Erfüllung des Projekts darstellen. Zusätzlich werden die Anforderungen aus dem Backlog ausgewählt, die für dieses Sprintziel abschließend erfüllt sein müssen. Ist das Sprintziel einmal festgelegt verpflichtet sich das Team zur Umsetzung und der Pro-duct Owner kann im Nachhinein keine Änderungen mehr vornehmen.[44] Nachdem das Sprintziel feststeht, treffen sich die Teammitglieder täglich für ein von dem Scrum-Master moderiertes Meeting über 15 Minuten. Der Project Owner kann auch an diesem Meeting teilnehmen, seine Teilnahme ist aber nicht verpflichtend. Ziel des Meetings ist es einen Informationsaustausch zu gewährleisten und die Planung für den nächsten Tag zu gestalten. Jedes Mitglied muss immer drei gleichbleibende Fragen beantworten. Welche Aufgaben seit dem letzten Daily Scrum abgearbeitet wurden, welche Aufgaben bis zum nächsten Daily Scrum abgearbeitet werden sollen und ob es Hindernisse bei der aktuellen Arbeit für ihn gibt.[45] Nach Abschluss eines Sprints erfolgt das Sprint Review. Dabei präsentiert das Team seine erfolgreich getesteten Ergebnisse dem Product Owner. Darauf folgt die Sprint Retrospektive, in der das Team durch den Scrum-Master geführt analysieren soll, was in diesem Sprint gut gelaufen ist und was Verbesserungswürdig

---

[41] Vgl. Hanser, E., Prozesse, 2010, S. 65 f; Goll, J., Hommel, D., Scrum, 2015, S. 91.

[42] Vgl. Hanser, E., Prozesse, 2010, S. 70.

[43] Vgl. Schwaber, K., Sutherland, J., Software, 2012, S. 57; Wirdemann, R., Mainusch, J., Scrum, 2017, S. 28.

[44] Vgl. Hanser, E., Prozesse, 2010, S. 70 f; Goll, J., Hommel, D., Scrum, 2015, S. 97; Gloger, B., Scrum, 2016, S. 12.

[45] Vgl. Hanser, E., Prozesse, 2010, S. 71; Goll, J., Hommel, D., Scrum, 2015, S. 97 f; Gloger, B., Scrum, 2016, S. 13.

war, damit der folgende Sprint besser ablaufen wird. Das Ziel ist es, die Prozesse dadurch zu optimieren.[46]

2.5.1.3. Artefakte

Beim Vorgehensmodell Scrum gibt es drei Artefakte. Diese sind das Inkrement, das Product Backlog und das Sprint Backlog.[47] Am Ende eines Sprints muss das Team dem Product Owner ein fertiges Ergebnis liefern, das Inkrement genannt wird. Das Inkrement muss erfolgreich getestet und auslieferbar sein.[48] Das Produkt Backlog enthält, wie bereits in Kapitel 2.3.1.1. erwähnt, alle Anforderungen an das Projekt, welche durch das Team umgesetzt werden müssen. Es ist nicht zu vergleichen mit einem Lastenheft, denn es ist nicht so präzise formuliert und Scrum stellt auch keine Anforderungen an die Formulierung. Es sollte lediglich alle Anforderungen in priorisierter Form enthalten und auf dem aktuellsten Stand sein.[49] Sobald das Team in einem Sprint die Sprintziele festgelegt hat, werden diese im Sprint Backlog erfasst und anschließend vom Team abgearbeitet. Das Sprint Backlog hilft dem Team den Sprint zu organisieren. Die Aufgaben sind im Sprint Backlog präziser formuliert als im Product Backlog und jedes Teammitglied soll den Status der einzelnen Aufgaben kennen. Der Status der einzelnen Aufgaben wird täglich vor dem Daily Scrum aktualisiert, damit es immer auf dem neusten Stand ist.[50]

3. Vergleich der klassischen und agilen Vorgehensmodelle in der IT-Branche

Im folgenden Kapitel werden die Vor- und Nachteile des klassischen und des agilen Vorgehensmodells, anhand der im zweiten Kapitel beschriebenen Vorgehensmodelle Wasserfall und Scrum, auf die IT-Branche bezogen und es wird versucht herauszustellen, welches Modell besser geeignet ist. Die klassischen Vorgehensmodelle bieten der IT-Branche den Vorteil, dass diese einfacher in der Umsetzung sind und die Einteilung der Phasen direkt einer groben Projektplanung entspricht. Der Ablauf des Projekts folgt

---

[46] Vgl. Hanser, E., Prozesse, 2010, S. 72 f; Goll, J., Hommel, D., Scrum, 2015, S. 98; Gloger, B., Scrum, 2016, S. 13.
[47] Vgl. Schwaber, K., Sutherland, J., Software, 2012, S. 57; Maximi, D., Scrum, 2018, S. 193.
[48] Vgl. Gloger, B., Scrum, 2016, S. 14; Maximi, D., Scrum, 2018, S. 193.
[49] Vgl. Hanser, E., Prozesse, 2010, S. 73 f; Gloger, B., Scrum, 2016, S. 13; Maximi, D., Scrum, 2018, S. 193 f.
[50] Vgl. Hanser, E., Prozesse, 2010, S. 75; Maximi, D., Scrum, 2018, S. 194.

auch genau dieser Struktur. Nach dem Abschluss einer Phase gibt es ein klares Endprodukt, einen Meilenstein und anschließend kann erst die nächste Phase gestartet werden.[51] So haben alle Projektmitarbeiter einen klaren Rahmen und der Ablauf bietet
ihnen Orientierung und eine klare Struktur.[52] Zusätzlich können bereits im Voraus die
zeitkritischen Aufgaben identifiziert werden, sodass dafür eine intensivere Planung erfolgen kann, um eine Einhaltung des Zeitplans zu gewährleisten.[53]

Allerdings beinhalten die klassischen Vorgehensmodelle auch viele Punkte, die negativ
für die IT-Branche sind. Unter anderem wird die fehlende Flexibilität negativ ausgelegt.
Die Aufteilung in die einzelnen Phasen ist nicht immer möglich, da diese sich häufig
überschneiden. Es ist bei großen IT-Projekten sehr unübersichtlich und es bietet keine
langfristige Weiterentwicklungsstrategie innerhalb oder nach Abschluss des Projekts.[54]
Weiterhin ist das klassische Vorgehensmodell recht starr. Anforderungen des Kunden
müssen im Voraus klar definiert werden, da veränderte Anforderungen während des
Projekts nicht mehr oder nur unter großen Anstrengungen umgesetzt werden können.
Da die Testphase erst zum Abschluss des Projekts geplant ist, werden Fehler erst sehr
spät entdeckt und der Aufwand für die Fehlerkorrektur ist groß. Zusätzlich muss zu diesem Zeitpunkt dann auch noch ausreichend Budget vorhanden sein für die Fehlerkorrektur. Außerdem wird erst am Ende des Projektes eine fertige Software ausgeliefert, die
den zu Beginn genannten Anforderungen entsprechen sollte. Dadurch bedingt, dass es
keinen regelmäßigen Austausch mit dem Kunden gibt, dieser Anforderungen vergessen
hat oder sich die Kundenanforderungen in der Zwischenzeit verändert haben, ist es nach
Fertigstellung der Software meist nicht mehr möglich noch eine Änderung vorzuneh-
men.[55] Aus diesen Gründen eignet sich das Wasserfallmodell nur gut für IT-Projekte,
bei denen die Anforderungen von Anfang an fest stehen und nicht verändert werden
müssen.[56]

---

[51] Vgl. Kleuker, S., Grundkurs, 2011, S. 26.
[52] Vgl. Schäfermeier, R., Paschke, A., Wasserfall, 2015, S. 344.
[53] Vgl. Carjell, A., Motivation, 2012, S. 3.
[54] Vgl. Heinrich, G., Mairon, K., Systemanalyse, 2008, S. 3; Broy, M., Kuhrmann, M., Projektorganisation, 2013, S. 90 f.
[55] Vgl. Heinrich, G., Mairon, K., Systemanalyse, 2008, S. 3 f: Arndt, C., Hermanns, C., Kuchen, H.,
Poldner, M., Softwareentwicklung, 2009, S. 7 f.
[56] Vgl. Ruf, W., Fittkau, T., IT-Projektmanagement, 2008, S. 32.

Im Gegensatz zu den klassischen Vorgehensmodellen gibt es bei dem agilen Vorgehensmodell Scrum keine lange Planungszeit und die Software wird Stück für Stück ausgeliefert in kurzen Zeitabständen. So kann der Kunde ständig neue oder veränderte Anforderungen benennen, die anschließend mit eingebaut werden können. Damit reduziert sich auch der Aufwand, welcher für Leistungen aufgewandt wird, welche der Kunde nicht benötigt. Auch das Risiko wird minimiert, da mangelhafte Ergebnisse schneller entdeckt werden. Zusätzlich werden durch die täglichen Meetings die Kommunikation und die Transparenz für alle Projektmitglieder verbessert und gerade in den kleinen Teams erhalten alle ein gutes Verständnis für das gesamte Projekt. Weiterhin stellt sich dadurch auch ein kontinuierlicher Verbesserungsprozess ein.[57] Ein wichtiger Punkt bei agilen Vorgehensmodellen stellt die Selbstbestimmung der Entwickler dar. Sie übernehmen die komplette Verantwortung für ihre Arbeit. Das fördert die Motivation, weshalb ihre Leistung gesteigert wird, außerdem steigert es den Lerneffekt und sie können ihre Arbeitsweise verbessern.[58] Es gibt allerdings auch einige negative Aspekte, die zu beachten sind.

Durch die Aufteilung in die Sprints und dadurch, dass die Anforderungen jederzeit angepasst werden können, besteht die Gefahr, dass das kurzfristige Denken in den Vordergrund gerät und das langfristige Ziel aus den Augen verloren wird.[59] Die mögliche Anpassung der Anforderungen zu einem späteren Zeitpunkt erschwert dazu auch die Aufwandschätzung zu Beginn des Projekts.[60] Auch wichtige Entscheidungen können durch den Grundsatz, dass Entscheidungen nicht zu früh gefällt werden sollen, zu weit nach hinten geschoben werden, sodass dadurch negative Effekte für das Projekt entstehen.[61] Außerdem kann es vorkommen, dass sich das Team zu sehr mit den einzelnen Funktionalitäten beschäftigt und zentrale Aufgaben, wie die Architektur vernachlässigt

---

[57] Vgl. Trepper, T., Softwareprojektmanagement, 2012, S. 79 f; Goll, J., Hommel, D., Scrum, 2015, S. 108 f; Jeromin, J., Jourdan, G., von Nell, F., Leadership, 2018, S. 24 f.
[58] Vgl. Goll, J., Hommel, D., Scrum, 2015, S. V; Goll, J., Hommel, D., Scrum, 2015, S. 108 f.
[59] Vgl. Rubin, K, Scrum, 2014, S. 68; Goll, J., Hommel, D., Scrum, 2015, S. 111.
[60] Vgl. Ruf, W., Fittkau, T., IT-Projektmanagement, 2008, S. 33.
[61] Vgl. Goll, J., Hommel, D., Scrum, 2015, S. 111 f; Jeromin, J., Jourdan, G., von Nell, F., Leadership, 2018, S. 26.

werden.[62] Sollten für das Projekt mehr als zehn Teammitglieder benötigt werden, sinkt die Effizienz, da unter anderem der Aufwand für die Kommunikation ansteigt.[63]

Eine Übersicht welches Vorgehensmodell wann geeignet sein kann, bietet die zweite Abbildung. Nach Dean Leffingwell sollte ein klassisches Vorgehensmodell gewählt werden, wenn die Anforderungen fest stehen und die Ressourcen und die Zeit flexibel gestaltet werden kann. Genau gegensätzlich verhält es sich bei den agilen Vorgehensmodellen. Diese sollten gewählt werden, wenn die Ressourcen und die Zeit feststehen. Im Verlaufe des Projekts können die Anforderungen dann noch genauer angepasst werden.[64]

Abbildung 2: Kriterien klassischer und agiler Vorgehensmodelle

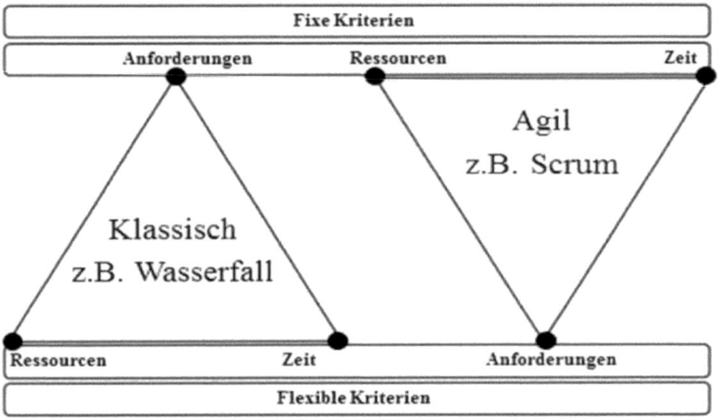

Quelle: In Anlehnung an Leffingwell, D., Software, 2007, S. 81.

Barry Boehm und Richard Turner nennen fünf weitere Kriterien, die bei der Auswahl des richtigen Vorgehensmodells helfen sollen (siehe Tabelle 1). Zu diesen Kriterien gehören die Projektgröße, die Kritikalität, die Dynamik, das Personal und die vorhandene Kultur. Es müssen alle fünf Kriterien komplett zutreffen, damit die Wahl vollends

---

[62] Vgl. Goll, J., Hommel, D., Scrum, 2015, S. 109.
[63] Vgl. Leffingwell, D., Software, 2007, S. 48; Goll, J., Hommel, D., Scrum, 2015, S. 90.
[64] Vgl. Leffingwell, D., Software, 2007, S. 81.

auf ein Vorgehensmodell fallen sollte. Wenn nur vier oder weniger Kriterien zutreffend sind, dann sollte eine Mischform der Vorgehensmodelle in Erwägung gezogen werden.[65]

Tabelle 1: Auswahlkriterien der Vorgehensmodelle

Kriterium	Agile Vorgehensmodelle	Klassische Vorgehensmodelle
Größe	Geeignet für kleine Projekte und Teams	Geeignet für große Projekte und Teams
Kritikalität	Nicht getestet für Sicherheitskritische Projekte. Mögliche Schwierigkeiten durch fehlende Dokumentation	Methode für kritische Projekte
Dynamik	Geeignet für dynamische Umgebungen	Geeignet für stabile Umgebungen
Personal	Personen mit Erfahrung im Umgang mit agilen Vorgehensmodellen müssen dauerhaft präsent sein	Personen mit großer Erfahrung während der Projektdefinitionsphase werden benötigt, anschließend kann die Menge dieser reduziert werden
Kultur	Erfordert eine Kultur, in der die Mitarbeiter sich wohl fühlen, wenn diese viele Freiheitsgrade haben	Erfordert eine Kultur, in der die Mitarbeiter sich wohl fühlen, wenn diese klare Rollen und Verantwortlichkeiten haben

Quelle: In Anlehnung an Boehm, B., Turner, R., Agility, 2004, S. 55.

Abschließend kann festgestellt werden, dass es nicht das eine Vorgehensmodell gibt, mit dem jedes IT-Projekt am besten abgewickelt werden kann. Oftmals werden Modelle kombiniert und es wird das Vorgehensmodell ausgewählt, welches sich für die Rahmenbedingungen des Projekts besonders gut eignet.[66] Die The Standish Group hat allerdings im Chaos Report 2015 die Erfolgsquoten des Wasserfallmodells den agilen Vor-

---

[65] Vgl. Boehm, B., Turner, R., Agility, 2004, S. 54 f.
[66] Vgl. Kleuker, S., Grundkurs, 2011, S. 23

gehensmodellen bei Softwareprojekten gegenübergestellt und herausgefunden, dass mit dem Wasserfallmodell nur 11% aller Projekte erfolgreich abgeschlossen wurden, wohingegen 29% gescheitert sind. Bei den agilen Vorgehensmodellen wurden 39% aller Projekte erfolgreich abgeschlossen und nur 9% sind gescheitert.[67]

4. Fazit

Laut der Studie der Standish Group sind agile Vorgehensmodell für Softwareprojekte deutlich erfolgreicher als das Wasserfallmodell. Diese Studie spricht damit deutlich für die Wahl eines agilen Vorgehensmodells bei Projekten in der IT-Branche. Dabei muss allerdings bedacht werden, dass dafür Mitarbeiter benötigt werden, die eigenverantwortlich arbeiten können und auch das Vorgehensmodell Scrum genauer kennen. Ganz besonders der Scrum-Master muss ausreichend geschult sein, dass er für die Einhaltung der Prozesse sorgen kann. Zusammenfassend kann allerdings festgehalten werden, dass alle Vorgehensmodelle ihre Daseinsberechtigung haben und keines optimal ist, um die Projekte der kompletten IT-Branche abzuwickeln. Jedes an sich beinhaltet Vor- und Nachteile für unterschiedliche Projekte. So sollten die Rahmenbedingungen vor dem Start geprüft werden und anhand dieser sollte sich dann für ein klassisches oder agiles Vorgehensmodell entschieden werden. Sofern von Anfang an die Anforderungen fest stehen und sich diese mit Sicherheit nicht mehr ändern werden, dann sollte sich für ein klassisches Vorgehensmodell, wie zum Beispiel das Wasserfallmodell entschieden werden. Sollten die genauen Anforderungen allerdings noch nicht vor dem Start bekannt sein oder man rechnet mit veränderten Anforderungen während der weiteren Projektphasen, dann ist es ratsam sich für ein agiles Vorgehensmodell, wie Scrum, zu entscheiden. Allerdings sind die Anforderungen nur eines von weiteren möglichen Kriterien, die eine Wahl des Vorgehensmodells beeinflussen sollten. Boehm und Turner nennen die Projektgröße, die Kritikalität, die Dynamik, das Personal und die Kultur als weitere Kriterien, die bei einer Entscheidung herangezogen werden. Sie fügen aber auch an, dass man sich nicht strikt auf eines der Vorgehensmodelle festlegen soll, sondern, dass es auch Mischformen gibt. Diese Mischformen genauer zu beschreiben würde allerdings den Rahmen der Seminararbeit sprengen. Dieses Thema bietet genügend Potential für eine weiterführende Untersuchung.

---

[67] Vgl. The Standish Group, Chaos Report, 2015, S. 7.

Literaturverzeichnis

Monographien, Sammelwerke und Zeitschriftenartikel:

Arndt, Christian, Hermanns, Christian, Kuchen, Herbert, Poldner, Michael (Software-entwicklung, 2009): Best Practices in der Softwareentwicklung, Münster: Förder-kreis der Angewandten Informatik an der Westfälischen Wilhelms-Universität Münster, 2009

Boehm, Barry, Turner, Richard (Agility, 2004): Balancing Agility and Discipline, Boston: Pearson Education, 2004
Britzelmaier, Bernd, Geberl, Stephan (Hrsg.) (Information, 2000): Information als Erfolgsfaktor, Stuttgart: B.G. Teubner, 2000
Broy, Manfred, Kuhrmann, Marco (Projektorganisation, 2013): Projektorganisation und Management im Software Enginerring, Berlin: Springer, 2013

Carjell, Andreas (Motivation, 2012): Der Beitrag von Scrum zur Motivation in klassisch geführten Projekten, PMI Project Management Institute Munich Chapter e V, Tagungsunterlagen zum PM-Summit, 2012

Ege, Börtecin, Humm, Bernhard, Reibold, Anatol (Hrsg.) (Corporate, 2015): Corporate Semantic Web, Berlin: Springer, 2015
Engstler, Martin, Fazal-Baqaie, Masud, Hanser, Eckhart, Mikusz, Martin, Volland, Alexander (Hrsg.) (Projektmanagement, 2015): Projektmanagement und Vorgehens-modelle, Bonn: Köllen-Verlag, 2015

Gloger, Boris (Scrum, 2010): Scrum, in: Informatik-Spektrum, 33 (2010), Nr. 2, S. 195-200
Gloger, Boris (Scrum, 2016): Scrum: Produkte zuverlässig und schnell entwickeln, 5. Aufl., München: Carl Hanser Verlag, 2016
Goll, Joachim, Hommel, Daniel (Scrum, 2015): Mit Scrum zum gewünschten System, Wiesbaden: Springer, 2015

Haas, Jan (Scrum-Revolution, 2015): Die Scrum-Revolution, Frankfurt am Main: Campus, 2015
Hanser, Eckhart (Prozesse, 2010): Agile Prozesse: Von XP über Srum bis MAP, 2. Aufl., Berlin: Springer, 2010
Heinrich, Gert, Mairon, Klaus (Systemanalyse, 2008): Objektorientierte Systemanalyse, Müchen: Oldenbourg, 2008

Jeromin, Justus, Jourdan, Gabriel, von Nell, Filippa (Leadership, 2018): Leadership in Organisation mit reduzierten Hierarchien, Wiesbaden: Springer, 2018

Kleuker, Stephan (Grundkurs, 2011): Grundkurs Software-Egineering mit UML, 2. Aufl., Wiesbaden: Springer, 2011

Kneuper, Ralf (Historie, 2015): Klassische und agile Vorgehensmodelle-Ein histori-
scher Überblick, in Engstler, Martin, Fazal-Baqaie, Masud, Hanser, Eckhart, Mikusz, Martin, Volland, Alexander (Hrsg.) Projektmanagement und Vorgehensmodelle, 2015, S. 29-37

Leffingwell, Dean (Software, 2007): Scaling Software Agility, Boston: Pearson Education, 2007

Maximi, Dominik (Scrum, 2018): Scrum-Einführung in der Unternehmenspraxis, 2.
Aufl., Berlin: Springer, 2018

Pichler, Roman (Scrum, 2008): Scrum: Agiles Projektmanagement erfolgreich einset-
zen, Heidelberg: dpunkt, 2008

Roehrl, Armin, Schmiedl,Stefan (Agil, 2004): Agil statt labil, in: Risknews, 1 (2004),
Nr. 5, S. 60-65
Royce, Winston W. (Development, 1970): Managing the Development of Large Soft-
ware Systems, in: Proceedings of IEEE Wescon, 1970, S. 328-338
Rubin, Kenneth (Scrum, 2014): Essential Scrum, München: mitp, 2014
Ruf, Walter, Fittkau, Thomas (IT-Projektmanagement, 2008): Ganzheitliches IT-
Projektmanagment, München: Oldenbourg, 2008

Sandmann, Carina, Teschke, Thorsten, Ritter, Jörg (Vorgehensmodell, 2000): Ein Vorgehensmodell für die komponentenbasierte Anwendungsentwicklung, in Britzelmaier, Bernd, Geberl, Stephan (Hrsg.) Information als Erfolgsfaktor, 2000, S. 49-
58
Schatten, Alexander, Biffl, Stefan, Demolsky, Markus, Gostischa-Franta, Erik, Österreicher, Thomas, Winkler. Dietmer (Software, 2010): Best Practice Software-
Engineering, Heidelberg: Spektrum, 2010
Schäfermeier, Ralph, Paschke, Adrian (Wasserfall, 2015): Verteilte und agile Ontolo-
gieentwicklung, in Ege, Börtecin, Humm, Bernhard, Reibold, Anatol (Hrsg.) Corporate Semantic Web, 2015, S. 341-358
Schwaber, Ken, Sutherland, Jeff (Software, 2012): Software in 30 Days, New Jersey:
John Wiley & Sons, 2012

Thomas, Oliver, Varwig, Andreas, Kammler, Friedemann, Zobel, Bernhard, Fuchs, Andreas (DevOps, 2017): DevOps: IT-Entwicklung im Industrie 4.0-Zeitalter,
in: HMD Praxis der Wirtschaftsinformatik, 54 (2017), Nr. 2, S. 178-188
Trepper, Tobias (Softwareprojektmanagement, 2012): Agil-systemisches Softwareprojektmanagement, Wiesbaden: Gabler, 2012
Turing, Alan M. (Handbuch, 1951): Programmers' handbook for manchester electronic
computer mark II, Manchester: The University of Manchester, 1951

Wieczorrek, Hans, Mertens, Peter (IT-Projekte, 2011): Management von IT-Projekten,
4. Aufl., Berlin: Springer, 2011

Wirdemann, Ralf, Mainusch, Johannes (Scrum, 2017): Scrum mit User Stories, 3. Aufl., München: Carl Hanser Verlag, 2017

Zühlke, Detlef (Useware, 2004): Useware.Engineering für technische Systeme, Berlin: Springer, 2004

Internetquellen:

Agile Manifesto (Manifest, 2001a): Manifest für Agile Softwareentwicklung, http://agilemanifesto.org/iso/de/manifesto.html, (Zugriff am 12.12.2018, 14:33 MEZ)

Agile Manifesto (Prinzipien, 2001b): Prinzipien hinter dem Agilen Manifest, http://agilemanifesto.org/iso/de/principles.html, (Zugriff am 12.12.2018, 14:41 MEZ)

Komus, Ayelt, Kuberg, Moritz (Status Quo, 2015): Status Quo Agile, https://www.gpm-ipma.de/fileadmin/user_upload/Know-How/studien/Studie_Agiles-PM_web.pdf, (Zugriff am 23.12.2018, 16:37 MEZ)

The Standish Group (Chaos Report, 2015): Chaos Report 2015, https://www.standishgroup.com/sample_research_files/CHAOSReport2015-Final.pdf, (Zugriff am 17.12.2018, 19:43 MEZ)